Atheer Kadhim

Otimização de energia para monitorização da temperatura utilizando RSSFs

Atheer Kadhim

Otimização de energia para monitorização da temperatura utilizando RSSFs

ScienciaScripts

Imprint

Any brand names and product names mentioned in this book are subject to trademark, brand or patent protection and are trademarks or registered trademarks of their respective holders. The use of brand names, product names, common names, trade names, product descriptions etc. even without a particular marking in this work is in no way to be construed to mean that such names may be regarded as unrestricted in respect of trademark and brand protection legislation and could thus be used by anyone.

Cover image: www.ingimage.com

This book is a translation from the original published under ISBN 978-613-4-91705-6.

Publisher:
Sciencia Scripts
is a trademark of
Dodo Books Indian Ocean Ltd. and OmniScriptum S.R.L publishing group

120 High Road, East Finchley, London, N2 9ED, United Kingdom
Str. Armeneasca 28/1, office 1, Chisinau MD-2012, Republic of Moldova, Europe
Printed at: see last page
ISBN: 978-620-8-09869-8

ÍNDICE DE CONTEÚDOS

RECONHECIMENTO

Antes de mais, louvado seja Alá, por me ter dado esta oportunidade, a força e a paciência para concluir finalmente a minha tese, depois de todos os desafios e dificuldades. Gostaria de agradecer ao meu orientador, Prof. Madya, Dr. Burairah Bin Hussin, pela sua elevada motivação e pelo seu contributo mais significativo para esta tese.

Gostaria também de agradecer ao Ministério do Ensino Superior e da Investigação Científica do IRAQUE, ao Diretor da Faculdade de Tecnologias da Informação e da Comunicação, Prof. Dr. Shahrin bin Sahib, e ao Dr. Abdul Samad bin Hasan Basari. Além disso, quero agradecer aos meus amigos que me ajudaram e motivaram ao longo de todo o processo. Que Alá os recompense a todos abundantemente. A todos os meus sinceros agradecimentos.

Atheer Ahmed kadhim

RESUMO

A otimização das redes de sensores envolve a abordagem de uma vasta gama de questões que vão desde as reservas limitadas de energia, à capacidade de computação, às capacidades de comunicação e aos nós sensores com auto-gestão. O ambiente de simulação ns-2 é uma ferramenta flexível para os engenheiros de rede investigarem o desempenho de vários protocolos com diferentes configurações e topologias. Este projeto apresenta a extensão do simulador de rede 2 para incluir a estrutura de rede de sensores sem fios, de modo a que as suas aplicações possam ser simuladas utilizando o simulador. Este projeto também ilustra a sua utilidade com uma experiência que examina o encaminhamento de redes móveis Ad Hoc (MANET) numa rede de sensores dinâmica

CAPÍTULO 1

INTRODUÇÃO

1.1 Introdução

A rede de sensores sem fios é um derivado da rede ad hoc móvel. Uma rede ad hoc é um grupo de terminais móveis independentes de qualquer infraestrutura, que comunicam através de ondas de rádio, em que cada um destes terminais oferece um serviço de retransmissão para aceitar uma mensagem que não lhe é dirigida, a fim de a retransmitir a outro terminal da rede, que está fora do alcance de rádio do

transmissor inicial desta mensagem (Garcia et al., 2008), tal como apresentado na Figura 1.1.

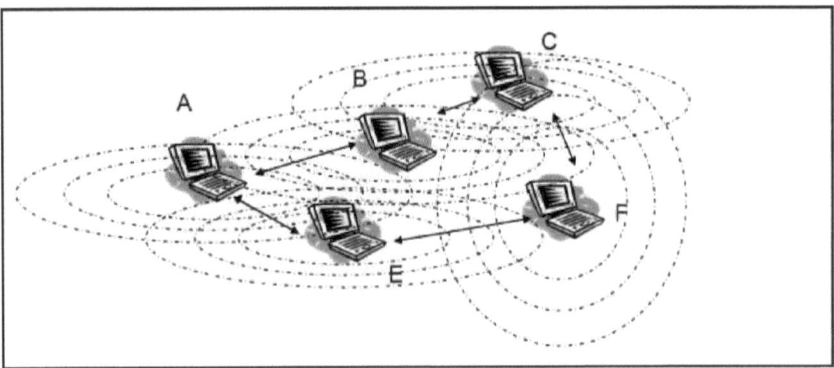

Figura 1.1 Exemplo de uma rede ad hoc em que as setas duplas mostram a possibilidade de dois nós estabelecerem uma ligação rádio bidirecional

Uma rede de sensores sem fios (RSSF) é uma rede sem fios de muitos nós sensores autónomos de baixa potência, baixo custo e pequenas dimensões, que se auto-organizam e utilizam sensores para monitorizar de forma cooperativa condições físicas ou ambientais complexas, como o movimento, a temperatura, o som, etc. Esses sensores estão geralmente equipados com capacidades de processamento de dados e de comunicação e são implantados em cenários interiores, por exemplo, em casa e no escritório, ou em cenários exteriores, como os ambientes naturais, militares e incorporados (Minhas, Faheem e Azeem, 2011). Uma rede de sensores sem fios é uma rede de muitos dispositivos minúsculos e descartáveis de baixa potência, designados por nós, que estão distribuídos espacialmente para realizar uma tarefa global orientada para uma aplicação (Shahmansouri, Rezaie e Pakravan, 2005).

Estes nós formam uma rede comunicando entre si, quer diretamente, quer através de outros nós. Um ou mais nós entre eles servirão de sumidouro(s), capazes de comunicar com o utilizador diretamente ou através das redes com fios existentes. O principal componente da rede é o sensor, essencial para monitorizar as condições físicas do mundo real, como o som, a temperatura, a humidade, a intensidade, a vibração, a pressão, o movimento, os poluentes, etc., em diferentes locais. Os minúsculos nós sensores, que consistem em sensores, processadores integrados para processamento de dados e componentes de comunicação, potenciam a ideia de redes de sensores baseadas no esforço de colaboração de um grande número de nós (Jun e Xianhong, 2010). As redes de sensores têm o potencial de oferecer novas soluções para o diagnóstico de falhas, a monitorização da saúde e paradigmas inovadores de interação homem-máquina (Agre, Clare e s, 1999) , (Sastry, 2004)

1.2 Declarações de problemas

Existem vários desafios que tornam o estudo da implantação de redes de sensores sem fios na vida real muito difícil e dispendioso (Khan et al., 2011). A este nível tecnológico, o único método prático para estudar as redes de sensores sem fios é através de simulações com simuladores. O simulador de rede 2 (NS-2), que é um dos simuladores de rede mais importantes na investigação sobre redes atualmente, pode fornecer uma simulação de redes de sensores sem fios se o quadro adequado for implementado na sua arquitetura existente. Este projeto é realizado para resolver esta questão.

1.3 Questões de investigação

i. Como podemos compilar e implementar uma nova implementação de rede de sensores sem fios no NS-2 que pode ser utilizada para monitorizar a temperatura?

ii. Como podemos verificar se o módulo de rede de sensores sem fios implementado será executado corretamente no NS-2 e produzirá o resultado esperado?

1.4 Âmbito da investigação

O objetivo deste projeto é implementar uma extensão do framework de rede de sensores sem fio em um simulador de rede que seja capaz de monitorar a temperatura. Esta estrutura é escrita em linguagem C++. No entanto, o âmbito desta investigação não inclui a avaliação específica do desempenho da rede de sensores sem fios.

1.5 Objectivos da investigação

O principal objetivo deste projeto é implementar a extensão da estrutura de redes de sensores sem fios no simulador de redes 2, ou NS-2. Em relação a isso, outros objectivos relacionados que merecem ser destacados são os seguintes

i. Alargar as capacidades do simulador de rede 2 para suportar a monitorização da temperatura no quadro de uma rede de sensores sem fios

ii. Para verificar se a rede de sensores sem fios implementada pode executar corretamente um ficheiro TCL com uma aplicação e um modelo de rede de sensores sem fios.

1.6   Significado da investigação

O principal objetivo deste projeto é apresentar uma extensão do framework de redes de sensores sem fio para o NS-2 para permitir que simulações de redes de sensores sem fio que envolvem monitoramento de temperatura sejam realizadas usando o simulador de rede 2 (NS-2).

1.7   Organização do relatório do projeto

Este projeto está organizado em seis capítulos, como se segue:

Chapter 1 apresenta um breve historial e uma introdução às redes de sensores sem fios. Este capítulo também destaca a declaração do problema, os objectivos da investigação, as questões de investigação, o âmbito da investigação e a importância da investigação.

Chapter 2 é uma revisão da literatura que inclui material de apoio sobre redes de sensores sem fios e os simuladores que suportam as suas implementações.

Chapter 3 apresenta a metodologia seguida para a realização deste projeto.

CAPÍTULO 2

REVISÃO DA LITERATURA

Este capítulo apresentará os antecedentes subjacentes às redes de sensores sem fios e à sua implementação, que definem o enquadramento geral deste projeto.

2.1 Introdução

Os recentes desenvolvimentos nas tecnologias de comunicação levaram à melhoria das capacidades de sistemas de sensores pequenos e baratos que podem suportar várias aplicações. As redes de sensores que detectam agentes químicos ou biológicos perigosos em infra-estruturas urbanas complexas podem ser uma aplicação fundamental para a segurança interna (Krco et al., 2007). Muitos trabalhos de investigação em redes de sensores foram desenvolvidos para tarefas militares. Aplicações como a deteção de incêndios florestais e a monitorização do tráfego em horas de ponta exemplificam a versatilidade prevista para esta tecnologia em rápida expansão (Shi, Miao e Jinglin, 2008).

De acordo com (Kihyun et al., 2009), a rede de sensores é definida como uma rede autónoma, multi-hop, sem fios, com rotas não determinísticas em várias camadas físicas heterogéneas. Isto significa que o encaminhamento ocorrerá em toda a rede em nós configurados em modo ad hoc. No entanto, a implantação generalizada de redes sem fios criou mais possibilidades para redes ad hoc móveis de nós autónomos que podem servir muitas aplicações de sensores sem reconfiguração manual.

Neste contexto, a questão que se coloca é a de saber como avaliar as normas actuais da camada de encaminhamento, a fim de saber até que ponto essas normas podem suportar os requisitos de diferentes outras camadas no ambiente das redes de sensores

Nas subsecções que se seguem, abordaremos brevemente a diferença entre as redes de sensores e as redes móveis ad hoc (MANETS) e quais são as aplicações mais comuns utilizadas nas redes de sensores.

2.1.1 Comparação de MANETS e redes de sensores

As MANETS (Mobile Ad-hoc Networks) e as redes de sensores são duas classes de redes Ad-hoc sem fios com limitações de recursos. As MANETS são normalmente constituídas por dispositivos com elevadas capacidades, móveis e que funcionam em coligações. As redes de sensores são normalmente implantadas em regiões geográficas específicas para rastreio, monitorização e deteção. Ambas as redes sem fios se caracterizam pela sua natureza ad hoc, sem infra-estruturas previamente instaladas para computação e comunicação (Rajashree et al., 2009). Ambas partilham algumas caraterísticas, como o facto de a topologia da rede não ser fixa, a energia ser um recurso dispendioso e os nós da rede estarem ligados entre si por ligações de comunicação sem fios. As RSSF diferem dos MANETS em muitos aspectos fundamentais, como se refere a seguir.

• As redes de sensores são principalmente utilizadas para recolher informações, enquanto as MANETS são concebidas para a computação distribuída e não para a recolha de informações.

• Os nós sensores utilizam principalmente o paradigma da comunicação por difusão, enquanto a maioria dos MANETS se baseia em comunicações ponto-a-ponto.

• O número de nós nas redes de sensores pode ser várias ordens de grandeza superior ao das MANETS.

• Os nós sensores podem não ter uma identificação global (ID) devido à grande sobrecarga e ao grande número de sensores.

• Os nós sensores são muito mais baratos do que os nós numa MANET e são normalmente implantados aos milhares.

• Os nós sensores estão limitados em termos de potência, capacidade de cálculo e memória, ao passo que os nós numa MANET podem ser recarregados de alguma forma.

• Normalmente, os sensores são instalados uma vez durante o seu tempo de vida, enquanto os nós nas MANET se movem realmente de forma ad-hoc.

• Os nós sensores são muito mais limitados nas suas capacidades de computação e comunicação do que os seus homólogos MANET devido ao seu baixo custo.

2.1.2 Aplicações das redes de sensores sem fios

Devido às suas caraterísticas atractivas, as RSSF podem ser utilizadas para diferentes fins em ambientes difíceis. O âmbito da implantação, que tem vindo a crescer nas últimas décadas, abrange muitas áreas, como a gestão de catástrofes, a proteção das fronteiras e a vigilância no terreno de combate. Basicamente, as RSSF têm o potencial de serem implantadas em qualquer lugar onde os seres humanos não possam aceder facilmente ou onde haja perigo para a vida humana. As áreas de utilização provável das RSSF são: (Andonovic, 2009)

- Militar

• Deteção de intrusos na base.

• Deteção de movimentos de unidades inimigas em terra e no mar.

• Vigilância do campo de batalha.

- Situações de emergência

- Gestão de catástrofes.

- Detectores de incêndio/água.

- Nível químico perigoso e incêndios

- Mundo físico

- Monitorização ambiental da água e do solo.

- Controlo habitual.

- Observação de sistemas biológicos e artificiais.

- Medicina e saúde

- Sensores de fluxo sanguíneo, frequência respiratória

ECG (eletrocardiograma)

- Fábrica industrial controlo de processos e automatização industrial

- Redes domésticas

- Electrodomésticos,

- Sensibilização para a localização.

- Localizador de pessoas

Muitas aplicações de sensores bem sucedidas foram implementadas em redes muito especializadas, como a Smart Dust da UC-Berkeley, a μ-Adaptive Multi-domain Power aware Sensors do MIT e a Wireless Integrated Sensor Networks da UCLA (Akshay et al., 2010).

2.1.3 Otimização da energia em redes de sensores sem fios

Um dos grandes desafios no desenvolvimento de sistemas de redes de sensores e de algoritmos subjacentes é o facto de a transmissão de dados de um nó sensor para outro local de processamento, localizado centralmente, poder esgotar significativamente os recursos de comunicação e de energia. (Feng, 2004) Esta situação limita negativamente a quantidade de dados recolhidos pelas redes de sensores. As capacidades dos nós sensores nas redes de sensores, que exigem a inter-relação de tantas caraterísticas, complicam ainda mais o objetivo de otimizar a energia nas redes de sensores sem fios.

No entanto, existem três princípios básicos de conceção que são claros, tal como referido por (Sadler, 2005)

(a) Ponto de vista do processamento de sinais: otimizar as tarefas da rede de deteção/estimação distribuída, minimizando a utilização das comunicações.

(b)   Ponto de vista das comunicações: Apoiar objectivos de rede específicos, minimizando a escuta inativa.

(c)   Ponto de vista dos sistemas: Explorar os activos externos o mais possível.

Estes três princípios básicos de conceção podem constituir uma orientação geral para a otimização dos recursos energéticos nas redes de sensores sem fios.

2.2 Avaliação de redes de sensores através de simulação

Para responder à questão colocada anteriormente, devem ser incluídas simulações para investigar o desempenho das redes de sensores em termos de encaminhamento ou de quaisquer outros aspectos, uma vez que as simulações são inofensivas, económicas e flexíveis.

A simulação de redes de sensores requer o estabelecimento de uma base num simulador como o Network Simulator 2 (ns-2). Tal como ilustrado na Figura 2.1, esta base pode ser constituída por nós sensores com duplo alojamento que estão ligados a um canal 802.11 para comunicar com outras estações de rede e a um canal de fenómeno para detetar um fenómeno físico.

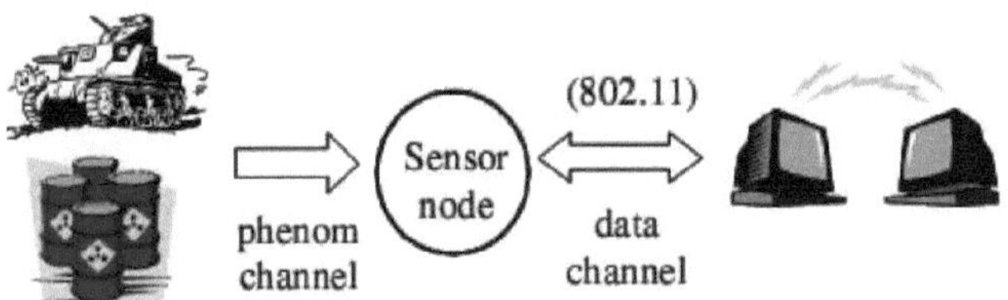

Figura 2.1 Base do modelo de rede de sensores (Adotado de (Shi, Miao e Jinglin, 2008)

2.3 Simulador de redes 2 (ns-2)

O ns-2 é uma ferramenta de simulação de eventos discretos que se revelou útil para estudar a natureza dinâmica das redes de comunicação, como referido em (Eep e Bajaj, 1999). Com o ns-2, a simulação de funções e protocolos de redes com e sem fios, como os protocolos de encaminhamento, pode ser efectuada facilmente. De um modo geral, o ns-2 fornece aos utilizadores uma técnica para identificar esses protocolos de rede e simular o seu comportamento. Devido à flexibilidade do ns-2 e à sua natureza modular, o ns-2 tornou-se popular na comunidade de investigação em redes desde o seu aparecimento. O ns-2 foi escrito em C++ (página inicial do Visual Studio C++) e na linguagem de comando de ferramentas orientada para objectos (OTcl) (página inicial da TCL). Os seus módulos principais são implementados em C++ enquanto as suas interfaces são implementadas em OTcl. A implementação de novos módulos e funcionalidades adicionais ao ns-2 pode ser feita com novos métodos C++ ou procedimentos OTcl.

O ambiente de simulação ns-2 (Yong-Sik, Young-Jun e Sang-Hyun, 2010) é muito útil para investigar as caraterísticas das redes de sensores porque já contém modelos flexíveis para redes ad hoc sem fios com restrições de energia. No ambiente do ns-2, uma rede de sensores pode ser construída com muitos dos mesmos conjuntos de protocolos e caraterísticas que os disponíveis no mundo real. O ambiente de rede móvel do ns-2 inclui suporte para cada uma das camadas descritas na Figura 2.2.

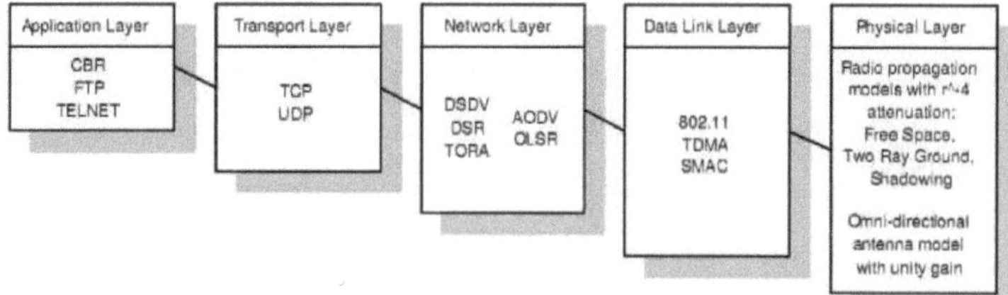

Figura 2.2: As camadas disponíveis e os seus protocolos para redes de sensores sem fios no ns-2

O modelo sem fios também inclui suporte para movimentos de nós e restrições de energia. É importante controlar a infraestrutura de redes móveis existente, acrescentando a capacidade de simular redes de sensores e estudar o seu desempenho.

2.4 Extensões de redes de sensores no ns-2

A propriedade ou aspeto básico das redes de sensores que não existe no ns-2 é a noção de um fenómeno, como nuvens químicas ou aumento da temperatura, que pode acionar os nós sensores através de um canal, como a qualidade do ar ou as vibrações no solo. Quando um sensor detecta a condição nesse canal, toma medidas de acordo com a aplicação do sensor que é definida pelo utilizador. Esta aplicação identifica a forma como um nó sensor actua quando detecta um fenómeno ou evento estranho. Os nós podem enviar um relatório a uma estação de base, desde que continuem a detetar o fenómeno.

De acordo com Yamasaki (Yamasaki e Ohtsuki, 2005), para cada rede de sensores existe uma aplicação de sensor única para realizar a deteção de fenómenos, como a vigilância, a monitorização ambiental, etc. O ns-2 deve fornecer a possibilidade de invocar aplicações de sensor por fenómenos. Estas aplicações de sensores permitem estudar o desempenho da infraestrutura de rede subjacente sob vários condicionalismos.

A presença de fenómenos pode ser modelada no ns-2 através da transmissão de pacotes de difusão através de um canal selecionado. A região da condição ou do fenómeno é o conjunto de nós que são capazes de receber e processar os pacotes de difusão nesse canal específico. Isto pode refletir o alcance da sensibilidade dos sensores.

A estrutura dos tipos de fenómenos deve ser definida no ns-2. Estes tipos são o monóxido de carbono, a atividade sísmica intensa, a atividade sísmica ligeira, o som audível e alguns fenómenos genéricos.

Estes tipos são úteis para simulações que envolvam múltiplos nós e permitem distinguir facilmente quem um determinado nó sensor está a detetar num dado momento.

2.5 Trabalhos relacionados

Mauri (Mauri et al., 2008) e a sua equipa lideraram um projeto cujo objetivo é construir uma ferramenta de simulação flexível especificamente para redes de sensores. A pesquisa enfatiza a heterogeneidade através de um ambiente de simulação baseado no software SWARM (Cui et al., 2004). A equipa fornece simulações de nós MANET, cada um com capacidades únicas de armazenamento, processamento e deteção, a fim de investigar detalhes sobre conservação de energia, encaminhamento, acesso ao meio e protocolos de aplicação.

A arquitetura de simulação para algoritmos de processamento de dados em redes de sensores sem fios foi desenvolvida por Borgne (Borgne, Moussaid e Bontempi, 2006). Numa primeira fase, os dados são gerados utilizando equações diferenciais parciais, permitindo a modelização de um vasto painel de fenómenos físicos. Numa segunda fase, as restrições do sistema operativo e da rede da unidade de deteção são simuladas utilizando uma instância de um simulador versátil para ter em conta as caraterísticas da plataforma. Os conhecimentos fornecidos pela estrutura de simulação proposta são ilustrados por um conjunto de experiências numa tarefa de deteção de uma fonte de calor.

Para a modelação de redes de sensores, com ênfase na modelação sofisticada do consumo de energia e na emulação, Park, Savvides, Srivastava (Sung, A (Sung, Andreas and Mani, 2000)ndreas, & Mani, 2000) desenvolveram extensões ao ns-2. O seu trabalho permitiu a interface com nós sensores do mundo real. Infelizmente, o seu trabalho não foi atualizado para suportar as versões subsequentes do ns-2 desde outubro de 2000.

2.6 Resumo

Este capítulo começou com uma descrição das redes de sensores e da sua diferença em relação às MANETS. Descreveu brevemente as aplicações utilizadas atualmente nas redes de sensores sem fios. O capítulo discutiu a necessidade de desenvolver uma arquitetura para redes de sensores e a avaliação deste tipo de redes no Network Simulator 2 (ns-2). Apresentou alguns trabalhos relacionados com a simulação de redes de sensores.

CAPÍTULO 3

METODOLOGIA DE INVESTIGAÇÃO

3.1 Introdução

Este capítulo apresenta a atividade de investigação, passo a passo, que será levada a cabo para atingir os objectivos de investigação mencionados no Capítulo 1. Especificamente, este capítulo abordará as sete principais etapas da investigação utilizadas para concluir este projeto. A Figura 3.1 apresenta um resumo desta metodologia de investigação.

3.2 Etapas da investigação

Em geral, são seis as etapas de investigação deste projeto. Estas etapas de investigação serão um ponto de orientação para a execução do projeto numa ordem sistemática. É importante mencionar que as etapas da investigação apresentadas na Figura 3.1 estão organizadas numa sequência em que cada etapa deve ser concluída antes de passar à outra, para garantir que a investigação possa ser concluída em conformidade.

3.3 Revisão da literatura

O primeiro passo a dar para realizar esta investigação é efetuar um estudo ou revisão da literatura. Este é um passo muito importante que tem de ser dado porque, a partir do estudo da literatura, a ideia desta investigação e os seus objectivos, importância e contributos relativos podem ser perspectivados. Ao rever a literatura anterior, é possível identificar o problema de investigação atual e, por conseguinte, oferecer uma solução ou uma ideia de investigação que possa conduzir à resolução desse problema (Chang e Houdek, 2006)

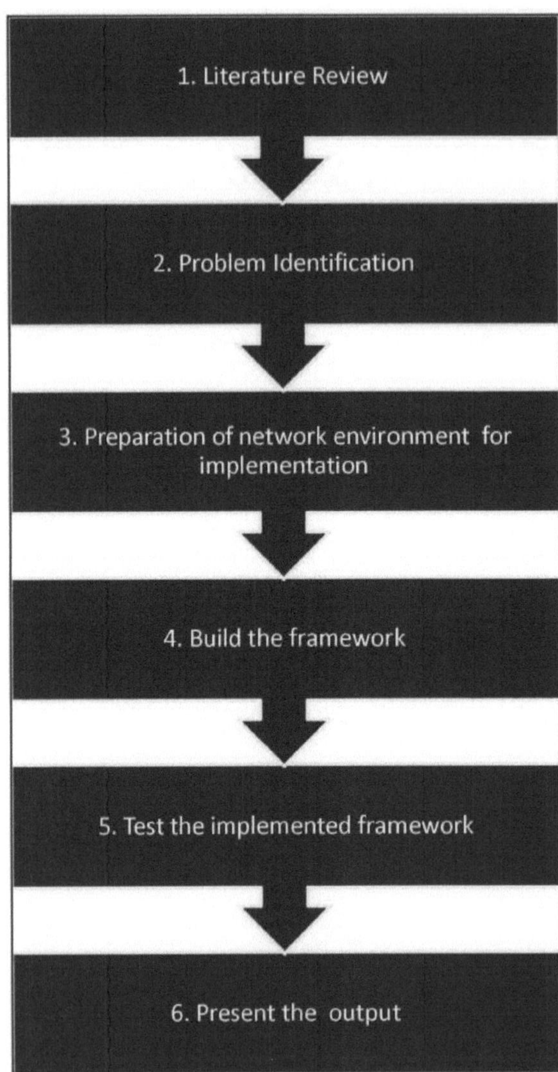

Figura 3.1 Metodologia geral de investigação

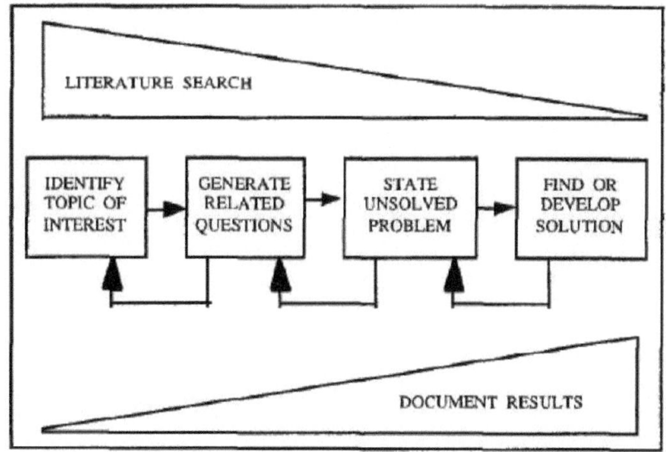

Figura 3.2 Diagrama de fluxo do processo de investigação (Reed, 1998)

A Figura 3.2 mostra a posição da pesquisa ou revisão da literatura aquando da realização de uma investigação. Neste projeto, estamos a concentrar-nos em fornecer uma extensão para os investigadores, sendo que a nossa contribuição final desta investigação será permitir que cenários de rede de sensores sejam simulados no NS-2. Para fazer a revisão da literatura, há duas actividades importantes que têm de ser feitas e que serão discutidas na próxima subsecção.

3.3.1 Encontrar fontes

Especificamente na ciência e engenharia informáticas, é muito importante dispor de fontes concretas e fiáveis para consultar. Neste projeto, há duas fontes principais em que nos baseamos, que são artigos e revistas de dois recursos importantes: IEEE (Institute of Electrical and Electronics Engineers) e ACM (Association for Computing Machinery).

3.3.2 Sintetizar a informação

Nesta fase, uma vez recolhidas as fontes, estudámos cuidadosamente para relacionar as informações e sintetizar os dados de modo a formular uma nova ideia de investigação. Esta etapa de investigação é, entre todas, a parte mais crucial da revisão da literatura neste projeto.

1.4 Identificação do problema

O próximo passo importante nesta investigação é identificar o problema de investigação com base no estudo da literatura efectuado anteriormente. A identificação do problema numa investigação é muito crucial, tendo em conta que fornece o objetivo principal e a contribuição para um projeto de investigação como um todo. A secção seguinte apresenta os simuladores de rede existentes e destaca a utilização do NS-2, escolhido para este projeto.

1.5 Simulação de rede

Neste projeto, optámos pela simulação de rede em vez de utilizar a modelação analítica e a medição. A subsecção seguinte explica melhor por que razão escolhemos a simulação de rede e que ferramenta de simulação de rede será utilizada neste projeto.

1.5.1 Benefícios da simulação de rede

A principal vantagem da utilização da simulação de redes numa investigação é a de a realizar com o menor custo possível sem comprometer o resultado. Muitos investigadores têm optado por simuladores de rede na sua investigação, o que inclui também estudantes e licenciados. Atualmente, existem muitos simuladores de rede importantes, especialmente na área das redes informáticas, que são oferecidos gratuitamente ou a um custo mínimo. Os principais simuladores de rede utilizados atualmente em redes de computadores serão abordados na subsecção seguinte. A segunda vantagem de optar por simulações de rede numa investigação é a sua escalabilidade. Numa simulação de rede, um investigador pode efetuar um estudo de décimos a milhares de nós ou dispositivos de cada vez. Isto poupa tempo e incentiva os investigadores a efectuarem estudos sobre vários cenários e possibilidades infinitas de investigação em rede. As simulações também dão uma ideia de como a infraestrutura reagiria a um determinado conjunto de circunstâncias, por exemplo, alterações da topologia, aumento do tráfego na rede e reação a diferentes protocolos de rede.

1.6 Simuladores de rede

A subsecção que se segue descreve alguns dos principais simuladores de rede atualmente utilizados pelos investigadores em redes de computadores.

1.6.1 Simulador de Rede 2 (NS-2)

Antes de apresentarmos os passos que serão seguidos na realização de um estudo sistemático de simulação como proposto anteriormente, temos que escolher previamente as ferramentas de simulação. Existem várias ferramentas disponíveis para a simulação de redes TCP/IP. Nesta secção, vamos classificar estas ferramentas em três categorias principais, nomeadamente linguagens de programação de uso geral (GPPL), linguagem de simulação simples (PSL) e, finalmente, pacotes de simulação (SP). Os pacotes de simulação são o nível mais elevado das ferramentas de simulação. Em geral, todos os pacotes de simulação fornecem bibliotecas incorporadas para redes TCP/IP. Entre os pacotes de simulação, escolhemos o Network Simulation 2 (NS-2) para implementar este projeto.

O Network Simulator 2 é um pacote de simulação de domínio público que é um simulador de rede de eventos discretos. Foi desenvolvido na UC Berkeley. Neste momento, o NS-2 está a tornar-se uma das principais escolhas dos investigadores, especialmente em redes de computadores. O NS-2 é conhecido pela sua capacidade de simular algoritmos TCP/IP avançados (Issariyakul e Hossain, 2009). O NS-2 é também um simulador orientado para objectos, capaz de simular topologias e caraterísticas de rede realistas. O NS-2 é construído utilizando a linguagem C++ e também scripts TCL orientados a objectos. A Figura 3.2 apresenta a hierarquia de classes do NS-2.

1.7 Conclusão

Neste capítulo, apresentamos a metodologia de investigação que foi levada a cabo para implementar este projeto. Esta inclui a descrição pormenorizada de cada uma das sete etapas mencionadas no início deste capítulo.

CAPÍTULO 4

CONCEPÇÃO E APLICAÇÃO DO QUADRO

Enquanto o Capítulo 3 apresenta a metodologia de investigação utilizada para implementar a estrutura da rede de sensores sem fios no NS-2, este capítulo apresentará o núcleo do trabalho deste projeto, que consiste em construir a estrutura no NS-2. Os requisitos e as implementações do modelo são apresentados a seguir.

4.1 Os requisitos do modelo

Neste trabalho, escolhemos a versão 2.29 do NS-2 para a implementação do framework. Para compilar o framework no simulador de rede, alguns arquivos que pertencem ao NS-2 precisam ser modificados. Os arquivos afetados são:

- ns-2.29/apps/udp.cc

- ns-2.29/common/ns-process.h

- ns-2.29/common/packet.cc

- ns-2.29/common/packet.h

- ns-2.29/mac/mac-802_11.cc

- ns-2.29/tcl/lib/ns-lib.tcl

- ns-2.29/tcl/lib/ns-default.tcl

- ns-2.29/Makefile.in

4.2 A implementação do modelo

Para implementar o quadro, os ficheiros mencionados do NS-2 são modificados da seguinte forma:

4.2.1. ns-2.29/apps/udp.cc

Modificação de desempenho em "void UdpAgent::sendmsg(int nbytes, AppData* data, const char* flags)"

método de atribuição de pacotes alterado: allocpkt() substituído por allocpkt(sizeof(data)).

```
    while (n-- > 0) {

            // wireless sensor networks simulator.

        // p = allocpkt();

        p = allocpkt(sizeof(data));

    ...
```

4.2.2. ns-2.29/common/ns-process.h

Adicionados os seguintes tipos na enumeração AppDataType:

```
    enum AppDataType {

      SENSED_DATA,

      MANAGEMENT_DATA,



        ON_DEMAND_DATA,

      ON_DEMAND_PARAMETER,

        VIDEO_SENSED_DATA,

      TEMPERATURE_SENSED_DATA,

      CARBON_MONOXIDE_SENSED_DATA,

        . . .

    };
```

Adicionadas duas funções públicas na classe AppData.

```
class AppData{

    ...

    public:

        ...

// Data functions for On Demand Sensing - these functions should //
be overwritten by specific application data types as   //temperature
AppData for example.

        virtual bool compareData(AppData* data, int operation)
{return false;}

        virtual bool checkEvent(AppData* data_) {return false;}

    };
```

4.2.3. ns-2.29/common/packet.cc

Adicionada a variável estática à classe PacketHeader.

```
#include "flags.h"

    ...

        int hdr_rca::offset_;      // static offset of rca header
```

4.2.4. ns-2.29/common/packet.h

Foi necessário efetuar várias alterações a este ficheiro. As alterações estão listadas pela ordem em que aparecem no código.

Criou as seguintes macros logo após uma lista de definições de macros do ns-2.29:

```
#define   HDR_RCA(p)                    ((struct   hdr_rca*)(p)-
>access(hdr_rca::offset()))

#define   HDR_MACSensor(p)    ((struct    hdr_macSensor*)(p)-
>access(hdr_mac::offset_))
```

Adicionada a enumeração packet_t:

```
enum packet_t{

    ...

    PT_RCA,

    ...

};
```

No construtor da classe p_info inseriu o seguinte valor por defeito:

```
class p_info{

    public:

        p_info() {

            ...

            name_[PT_RCA] = "rca";

            ...

        }

};
```

Na classe Packet, inserimos esta função estática na secção pública:

```
class Packet : Event {

    ...

    public:

        ...

    static void PrintRcHeader(Packet *p, char *layer);

        ...

};
```

Inserção da estrutura hdr_rca logo a seguir à estrutura hdr_cmn:

```cpp
struct hdr_rca {

    int msg_type_;

    char meta_[1000];

    int meta_size_;

    float dist_to_dest_;

    int dist_est_;

    int rca_mac_src_;

    int rca_mac_dst_;

    int rca_link_src_;

    int rca_link_dst_;

    int code_;

    static int offset_;      // offset for this header


    inline static int& offset() { return offset_; }

    inline static hdr_rca* access(Packet* p) {

        return (hdr_rca*) p->access(offset_);

    }
```

```cpp
/* per-field member functions */

inline int& msg_type() { return (msg_type_); }

inline int& meta_size() { return (meta_size_); }

inline float& get_dist() { return (dist_to_dest_); }

inline int& dist_est() { return (dist_est_); }

inline void set_meta(const char* data) {

    meta_size_ = strlen(data);

    if (meta_size_ > maxmetasize()) {

        printf("Error:  Meta  size  %d  too  large  (max  =
%d).\n", meta_size_, maxmetasize());

    exit(1);

    }

    memcpy(meta_, data, meta_size_+1);

}

inline void set_meta(const char * data, int size) {

    if (size > maxmetasize())

    {

        printf("Error: Meta  size  %d  too  large  (max  =
%d).\n", size, maxmetasize());

        exit(1);
```

```cpp
        }

        memcpy(meta_, data, size);

        meta_size_ = size;

    }

    inline char* const meta() { return (meta_); }

    inline int maxmetasize() { return (sizeof(meta_)); }

    inline int& rca_mac_src() { return (rca_mac_src_); }

    inline int& rca_mac_dst() { return (rca_mac_dst_); }

    inline int& rca_link_src() { return (rca_link_src_); }

    inline int& rca_link_dst() { return (rca_link_dst_); }

    inline int& get_code() { return (code_); }

    int base_X;

    int base_Y;

    inline int& get_base_X() { return (base_X); }

    inline int& get_base_Y() { return (base_Y); }
};
```

Na implementação do método alloc da classe Packet, acrescentámos isto:

```cpp
inline Packet * Packet::alloc(){
```

```
...

    hdr_rca* rca_hdr = HDR_RCA(p);

    rca_hdr->meta_size_ = 0;

}
```

Na implementação do método copy da classe Packet, acrescentámos isto:

```
inline Packet * Packet::copy() const

{

    ...

      // Inserted by MIT uAMPS project

    // Used by The Manna Research Group

    hdr_rca* rca_hdr = HDR_RCA(p);

    rca_hdr->meta_size_ = 0;

      ...

}
```

Implementado no final do ficheiro o método estático definido na classe Packet:

// Inserido pelo projeto uAMPS do MIT

// Usado por The Manna Research Group

```
inline void Packet::PrintRcHeader(Packet *p, char *layer)

{

    hdr_cmn *hdr = HDR_CMN(p);

  hdr_rca *rca_hdr = HDR_RCA(p);

    printf("%s Layer received: Type=%d data_size=%d\n\tMeta =
%s\n\tSource     =     %x\n\tTarget     =     %x\n\tLink_target
=%x\n",layer,rca_hdr->msg_type(),     hdr->size(),     rca_hdr-
>meta(),rca_hdr->rca_mac_src(),    rca_hdr->rca_mac_dst(),    rca_hdr-
>rca_link_dst());

}
```

4.2.5. ns-2.29/mac/mac-802_11.cc

O código que se segue foi adicionado ao MAC 802.11 "void Mac802_11::send

(Packet *p, Handler *h)" para garantir que, numa simulação de rede On Demand, os nós sensores não perdem mensagens de difusão.

```
...

if(mhBackoff_.busy() == 0) {

    if(is_idle()) {

...
```

```cpp
    /// This code permits that MAC still uses backoff in the case of

    /// MAC idles and broadcasting.

    /// IMPORTANT: NS-2 still works well after added this code, but

    /// we don't know if it is consistent with other cases.

    ///

    ///

    if((u_int32_t)ETHER_ADDR(dh->dh_ra)         ==
MAC_BROADCAST){

        mhBackoff_.start(cw_, is_idle());

    }else{

        if(mhDefer_.busy() == 0) {

            rTime = (Random::random() % cw_) *
(phymib_.getSlotTime());

            mhDefer_.start(phymib_.getDIFS()         +
rTime);

        }

    }
```

4.2.6. ns-2.29/tcl/lib/ns-lib.tcl

Adicionado sensorNode como um parâmetro de configuração de nó global #

```tcl
#

    Simulator instproc sensorNode {val} {$self set sensorNode_ $val}
```

também inseriu o seguinte procedimento:

Utilizado por - simulador de rede de sensores sem fios

```tcl
    Simulator instproc create-node-instance args {

        $self instvar routingAgent_ sensorNode_

        # DSR is a special case

        if {$routingAgent_ == "DSR"} {

            set nodeclass [$self set-dsr-nodetype]

        } elseif { [info exists sensorNode_] && $sensorNode_ ==
"ON"} {

            set nodeclass Node/MobileNode/SensorNode

        } else {

            set nodeclass Node/MobileNode

        }

        return [eval new $nodeclass $args]

    }
```

4.2.7. ns-2.29/tcl/lib/ns-default.tcl

Inserção de valores por defeito para cada um dos parâmetros configuráveis por um script TCL. Estes valores são os seguintes:

```
DataGenerator/TemperatureDataGenerator set sensing_interval_ 0.0

DataGenerator/TemperatureDataGenerator set sensing_type_ 0

DataGenerator/TemperatureDataGenerator set avg_measure 25.0

DataGenerator/TemperatureDataGenerator set std_deviation 1.0

DataGenerator/TemperatureDataGenerator                     set
maximumTemperatureValue 00.0

DataGenerator/CarbonMonoxideDataGenerator  set  sensing_interval_
0.0

DataGenerator/CarbonMonoxideDataGenerator set sensing_type_ 0

DataGenerator/CarbonMonoxideDataGenerator set avg_measure 3000.0

DataGenerator/CarbonMonoxideDataGenerator    set    std_deviation
100.0

DataGenerator/CarbonMonoxideDataGenerator                   set
maximumCarbonMonoxideValue 0.0


Application/SensorBaseApp set disseminating_type_ 0
```

```
Application/SensorBaseApp set disseminating_interval_ 0.0

Application/SensorBaseApp set destination_id_ 0


Application/SensorBaseApp/CommonNodeApp  set  disseminating_type_
0

Application/SensorBaseApp/CommonNodeApp                    set
disseminating_interval_ 0.0

Application/SensorBaseApp/CommonNodeApp set destination_id_ 0


Node/MobileNode/SensorNode set sensingPower_ 0.5

Node/MobileNode/SensorNode set processingPower_ 0.5

Node/MobileNode/SensorNode set instructionsPerSecond_ 100000000


Application/AccessPointApp set outside_network_ 0

Application/AccessPointApp set request_type_ 0

Application/AccessPointApp set destination_id_ 0

Application/AccessPointApp set node_id_ 0

Application/AccessPointApp set diretorio 0
```

4.2.8. ns-2.29/Makefile.in

A localização dos objetos foi inserida na diretiva OBJ_CC do arquivo Make. in. Isso instrui o compilador a construir dentro do ns-2.

```
DataGenerator/CarbonMonoxideDataGenerator set sensing_type_ 0

DataGenerator/CarbonMonoxideDataGenerator set avg_measure 3000.0

DataGenerator/CarbonMonoxideDataGenerator     set      std_deviation
100.0

DataGenerator/CarbonMonoxideDataGenerator                         set
maximumCarbonMonoxideValue 0.0


Application/SensorBaseApp set disseminating_type_ 0

/diffusion/nrAttributes.o\

/diffusion/commonNodeDiffApp.o \

/diffusion/accessPointDiffApp.o \

/leach/mac/leach-wireless-phy.o \

/leach/mac/mac-sensor.o \

/leach/mac/mac-sensor-timers.o \

/leach/rca/rca-ll.o \

/leach/rca/rcagent.o \

/leach/app/leachApp.o \

/leach/leachAgent.o \

/leach/app/accessPointLeachApp.o \
```

4.3 . Construção do quadro

Depois de descompactar o código fonte, substituir os ficheiros modificados e o Makefile.in basta ir à pasta principal do ns-2.29 e digitar:

i.   ./configurar

ii.   ./make

para o compilar e integrar no ns-2.29.

4.4 Resumo

Este capítulo apresentou a parte de implementação da estrutura da rede de sensores sem fios no NS-2. A implementação começa com a modificação do código fonte original no NS-2 e é seguida pelo código fonte do framework que é construído junto com o NS-2.

O próximo capítulo apresentará a representação adequada do cenário de uma rede de sensores sem fios utilizando um script TCL, juntamente com os resultados obtidos.

CAPÍTULO 5

AVALIAÇÃO E RESULTADOS

No Capítulo 3, apresentámos a metodologia de investigação utilizada para compilar a estrutura da rede de sensores sem fios no NS-2. Foram também apresentados os ficheiros C++ relacionados que foram adicionados e modificados.

Neste capítulo, apresentaremos a estrutura linha a linha do script TCL que será utilizado para verificar a compilação da rede de sensores sem fios que foi implementada no capítulo anterior. Este script TCL simula uma rede plana de sensores homogéneos num cenário de rede de sensores sem fios.

5.1 Script de linguagem de comando de ferramentas (TCL)

A linguagem de comando de ferramentas (TCL) é utilizada para avaliar o desempenho do módulo no ns-2. Os seguintes scripts TCL simulam uma rede plana de sensores homogéneos numa rede de sensores sem fios de acordo com os cenários apresentados no Capítulo Três. Estes scripts foram adaptados do Manna Research Group (Braga et al., 2003) para cumprir os objectivos deste projeto. As definições dos parâmetros modificados estão destacadas a negrito.

- Criar uma aplicação de nó comum

```
proc    create_common_app    {destination_id    disseminating_type
disseminating_interval} {
set app_ [new Application/SensorBaseApp/CommonNodeApp]
$app_ set destination_id_ $destination_id
$app_ set disseminating_type_ $disseminating_type
 $app_ set disseminating_interval_ $disseminating_interval
return $app_ }
```

- Criar uma aplicação de nó principal de cluster

```tcl
proc create_cluster_head_app {destination_id disseminating_type
disseminating_interval} {
set app_ [new Application/SensorBaseApp/ClusterHeadApp]
$app_ set destination_id_ $destination_id
$app_ set disseminating_type_ $disseminating_type
$app_ set disseminating_interval_ $disseminating_interval
return $app_ }
```

- Criar uma aplicação de nó de ponto de acesso.

```tcl
proc create_access_point_app {destination_id} {
set app_ [new Application/AccessPointApp]
$app_ set destination_id_ $destination_id
return $app_ }
```

- Criação de um gerador de dados de temperatura

```tcl
proc create_temp_data_generator {sensing_interval sensing_type
avg_measure std_deviation} {
set temp_gen_ [new DataGenerator/TemperatureDataGenerator]
$temp_gen_ set sensing_interval_ $sensing_interval
$temp_gen_ set sensing_type_ $sensing_type
$temp_gen_ set avg_measure $avg_measure
$temp_gen_ set std_deviation $std_deviation
return $temp_gen_ }
```

- Criação de um gerador de dados de monóxido de carbono

```tcl
proc create_carbon_data_generator {sensing_interval sensing_type
avg_measure std_deviation} {

    set carbon_gen_ [new DataGenerator/CarbonMonoxideDataGenerator]
    $carbon_gen_ set sensing_interval_ $sensing_interval
    $carbon_gen_ set sensing_type_ $sensing_type
    $carbon_gen_ set avg_measure $avg_measure
    $carbon_gen_ set std_deviation $std_deviation
    return $carbon_gen_
}
```

- Definições da antena

```tcl
Antenna/OmniAntenna set X_ 0
Antenna/OmniAntenna set Y_ 0
Antenna/OmniAntenna set Z_ 1.5
Antenna/OmniAntenna set Gt_ 1.0
Antenna/OmniAntenna set Gr_ 1.0
```

- Definições de Phy sem fios

```tcl
Phy/WirelessPhy set CPThresh_ 10.0
Phy/WirelessPhy set CSThresh_ 1.559e-11
Phy/WirelessPhy set RXThresh_ 3.652e-10
Phy/WirelessPhy set Rb_ 2*1e6
Phy/WirelessPhy set Pt_ 0.2818
Phy/WirelessPhy set freq_ 914e+6
Phy/WirelessPhy set L_ 1.0
set contador_nodos 0
```

- Parâmetros de simulação

```tcl
set val(pt_common)                                      8.564879510890936E-4
set val(pt_cluster_head)                                0.0
set val(chan)                                           Channel/WirelessChannel
set val(prop)                                           Propagation/TwoRayGround
set val(netif)                                          Phy/WirelessPhy
set val(mac)                                            Mac/802_11
set val(ifq)                                            Queue/DropTail/PriQueue
set val(ll)                                             LL
set val(ant)                                            Antenna/OmniAntenna
set val(ifqlen)                                         220
set val(rp)                                             AODV
set val(en)                                             EnergyModel/Battery
set val(nn)                                             100
set val(n_pas)                                          1
set val(n_sinks)                                        1
set val(n_cluster)                                      5
set val(n_common)                                       10
set val(x)                                              30.0
set val(y)                                              30.0
set val(disseminating_type)                             0
set val(ch_disseminating_type)                          0
set val(disseminating_interval)                         2.0
set val(cluster_head_disseminating_interval)   0.0
set val(start)                                          5.0
set val(stop)                                           1000.0
set val(father_addr)                                    1
set val(port)                                           2020
```

- Definir variáveis globais

```tcl
set ns_      [new Simulator]

set traceFile   [open -rede-plana.tr w]

$ns_ trace-all $traceFile

$ns_ use-newtrace

set topo   [new Topography]

$topo load_flatgrid $val(x) $val(y)

create-god $val(nn)

set rng [new RNG]

$rng seed 0
```

- Criar um nó comum

```tcl
proc create_common_node {} {
    global val ns_ node_ topo udp_ app_ gen_ contador_nodos rng
Phy/WirelessPhy set Pt_ $val(pt_common)
    $ns_ node-config -sensorNode ON \
    -adhocRouting $val(rp) \
    -llType $val(ll) \
    -macType $val(mac) \
    -ifqType $val(ifq) \
    -ifqLen $val(ifqlen) \
    -antType $val(ant) \
    -propType $val(prop) \
    -energyModel $val(en) \
    -phyType $val(netif) \
    -channelType $val(chan) \
    -topoInstance $topo \
```

```tcl
   -agentTrace ON \
-routerTrace ON \
-macTrace OFF \
-rxPower 0.024 \
-txPower 0.036 \
-initialEnergy 10.0 \
-movementTrace OFF
set node_($contador_nodos) [$ns_ node]
$node_($contador_nodos) random-motion 0
set x [$rng uniform 0.0 $val(x)]
set y [$rng uniform 0.0 $val(y)]
$node_($contador_nodos) set X_ $x
$node_($contador_nodos) set Y_ $y
$node_($contador_nodos) set Z_ 0.0
set interval [$rng uniform 0.0 1.0]
Node/MobileNode/SensorNode set sensingPower_ 0.015
Node/MobileNode/SensorNode set processingPower 0.024
Node/MobileNode/SensorNode set instructionsPerSecond_ 8000000
Phy/WirelessPhy set  bandwidth_ 288000.0
set udp_($contador_nodos) [new Agent/UDP]
set distance 10000000
set initial [expr $val(n_pas) + $val(n_sinks)]
for {set j $initial} {$j < [expr $initial + $val(n_cluster)]}
{incr j} {
     set x_father [$node_($j) set X_]
     set y_father [$node_($j) set Y_]
     set x_son [$node_($contador_nodos) set X_]
     set y_son [$node_($contador_nodos) set Y_]
```

```tcl
        set x_temp [expr pow([expr $x_father-$x_son],2)]

        set y_temp [expr pow([expr $y_father-$y_son],2)]

        set temp_distance [expr sqrt([expr $x_temp + $y_temp])]

        if {$temp_distance < $distance} {

            set distance $temp_distance

            set val(father_addr) [$node_($j) node-addr]

        }    }

set app_($contador_nodos) [create_common_app $val(father_addr)
$val(disseminating_type) $val(disseminating_interval)]

$node_($contador_nodos)       attach       $udp_($contador_nodos)
$val(port)

$node_($contador_nodos) add-app $app_($contador_nodos)

Set processing_($contador_nodos)

 [new Processing/AggregateProcessing]

$app_($contador_nodos) node $node_($contador_nodos)

$app_($contador_nodos) attach-agent $udp_($contador_nodos)

$app_($contador_nodos)                         attach-processing
$processing_($contador_nodos)

$processing_($contador_nodos) node $node_($contador_nodos)

$ns_    at    [expr    $val(start)    +    1    +    $interval]
"$app_($contador_nodos) start"

$ns_ at $val(stop) "$app_($contador_nodos) stop"

set gen_($contador_nodos) [create_temp_data_generator 3.0 0
25.0 1.0]

$app_($contador_nodos)                         attach_data_generator
$gen_($contador_nodos)

incr contador_nodos }
```

- Criar um nó sumidouro

```tcl
proc create_sink {} {

    global ns_ val node_ sink_ contador_nodos topo

    Phy/WirelessPhy set Pt_ 0.2818

    $ns_ node-config -sensorNode ON \
    -adhocRouting $val(rp) \
    -llType $val(ll) \
    -macType $val(mac) \
    -ifqType $val(ifq) \
    -ifqLen $val(ifqlen) \
    -antType $val(ant) \
    -propType $val(prop) \
    -energyModel $val(en) \
    -phyType $val(netif) \
    -channelType $val(chan) \
    -topoInstance $topo \
    -agentTrace ON \
    -routerTrace ON \
    -macTrace OFF \
    -rxPower 0.5 \
    -txPower 0.5 \
    -initialEnergy 100.0 \
    -movementTrace OFF

    set node_($contador_nodos) [$ns_ node]

    $node_($contador_nodos) random-motion 0

    set sink_(0) [new Agent/LossMonitor]

    $node_($contador_nodos) attach $sink_(0) $val(port)

    $node_($contador_nodos) set X_ 0.0
```

```tcl
$node_($contador_nodos) set Y_ 0.0

$node_($contador_nodos) set Z_ 0.0

incr contador_nodos }
```

- Criar nós de ponto de acesso

```tcl
proc create_access_point {} {

global ns_ val node_ app_ udp_ contador_nodos topo

Phy/WirelessPhy set Pt_ 0.2818

$ns_ node-config -sensorNode ON \

-adhocRouting $val(rp) \

-llType $val(ll) \

-macType $val(mac) \

-ifqType $val(ifq) \

-ifqLen $val(ifqlen) \

-antType $val(ant) \

-propType $val(prop) \

-energyModel $val(en) \

-phyType $val(netif) \

-channelType $val(chan) \

-topoInstance $topo \

-agentTrace ON \

-routerTrace ON \

-macTrace OFF \

-rxPower 0.5 \

-txPower 0.5 \

-initialEnergy 100.0 \

-movementTrace OFF

set node_($contador_nodos) [$ns_ node]
```

```tcl
$node_($contador_nodos) random-motion 0
set  udp_($contador_nodos) [new Agent/UDP]
set  app_($contador_nodos) [create_access_point_app  [$node_(0)
node-addr]]
$node_($contador_nodos)        attach        $udp_($contador_nodos)
$val(port)
$app_($contador_nodos) attach-agent $udp_($contador_nodos)
$node_($contador_nodos) set X_  5.0
$node_($contador_nodos) set Y_  5.0
$node_($contador_nodos) set Z_  0.0
$ns_ at [expr $val(stop)+1] "$app_($contador_nodos) stop"
incr contador_nodos }
```

- Procedimentos para controlar a criação de um nó comum e de um nó chefe de agrupamento

```tcl
create_sink
create_access_point
for {set j 0} {$j < $val(n_cluster)} {incr j} {
    create_cluster_head_node
}
for {set i 0} {$i < $val(n_common)} {incr i} {
    create_common_node
}
```

- Iniciar a simulação

```tcl
$ns_ at [expr $val(stop)+2.0] "finish"
$ns_ at [expr $val(stop)+2.0] "puts \"NS EXITING...\" ; $ns_ halt"
$ns_ at [expr $val(stop)+2.0] "$ns_ nam-end-wireless $val(stop)"
proc finish {} {
    global ns_ traceFile
```

```
    $ns_ flush-trace

    close $traceFile }

puts "Starting Simulation..."

$ns_ run
```

5.2 Resultados da simulação

Após a implementação bem sucedida da estrutura de rede de sensores sem fios no NS-2, o respetivo ficheiro TCL que contém as definições e aplicações necessárias de um cenário de rede de sensores pode produzir um resultado de simulação útil. Neste projeto, temos o mesmo ficheiro TCL três vezes, conforme apresentado na Figura 5.1, na Figura 5.2 e na Figura 5.3, respetivamente. Uma estrutura de sensores sem fios funcional pode produzir resultados ou resultados semelhantes aos apresentados nas figuras mencionadas. Por outro lado, uma implementação mal sucedida da estrutura pode produzir erros.

```
[root@localhost ~]# ns mannasim-rede-plana.tcl
num_nodes is set 12
warning: Please use -channel as shown in tcl/ex/wireless-mitf.tcl
INITIALIZE THE LIST xListHead
Starting Simulation...
Node 06 - Temperature Data 26.963024 - Time 9.100789
Node 04 - Temperature Data 23.574990 - Time 9.166855
Node 07 - Temperature Data 24.404267 - Time 9.224170
Node 08 - Temperature Data 24.360572 - Time 9.688597
Node 03 - Temperature Data 25.504094 - Time 9.789961
Node 02 - Temperature Data 23.597794 - Time 9.793598
Node 10 - Temperature Data 23.186341 - Time 9.851992
Node 09 - Temperature Data 25.495260 - Time 9.932610
Node 05 - Temperature Data 25.305241 - Time 9.940801
Node 11 - Temperature Data 24.779130 - Time 9.952254
Common Node 6 - Disseminating data -  Time 11.101 - Destination node 1
channel.cc:sendUp - Calc highestAntennaZ_ and distCST_
highestAntennaZ_ = 1.5, distCST_ = 129.1
SORTING LISTS ...DONE!
Access point - Received a message with 1 elements
Message received from node 6 with 2.004404 delay ::: 9.100789 11.105193
Common Node 4 - Disseminating data -  Time 11.167 - Destination node 1
Access point - Received a message with 1 elements
Message received from node 4 with 2.004273 delay ::: 9.166855 11.171128
Common Node 7 - Disseminating data -  Time 11.224 - Destination node 1
Access point - Received a message with 1 elements
Message received from node 7 with 2.004323 delay ::: 9.224170 11.228493
Common Node 8 - Disseminating data -  Time 11.689 - Destination node 1
Access point - Received a message with 1 elements
Message received from node 8 with 2.004314 delay ::: 9.688597 11.692911
Common Node 3 - Disseminating data -  Time 11.790 - Destination node 1
Common Node 2 - Disseminating data -  Time 11.794 - Destination node 1
Access point - Received a message with 1 elements
Message received from node 3 with 2.004473 delay ::: 9.789961 11.794434
Access point - Received a message with 1 elements
Message received from node 2 with 2.005364 delay ::: 9.793598 11.798962
Common Node 10 - Disseminating data -  Time 11.852 - Destination node 1
Access point - Received a message with 1 elements
Message received from node 10 with 2.004493 delay ::: 9.851992 11.856485
Common Node 9 - Disseminating data -  Time 11.933 - Destination node 1
Access point - Received a message with 1 elements
Message received from node 9 with 2.004843 delay ::: 9.932610 11.937454
Common Node 5 - Disseminating data -  Time 11.941 - Destination node 1
Access point - Received a message with 1 elements
Message received from node 5 with 2.004183 delay ::: 9.940801 11.944984
Common Node 11 - Disseminating data -  Time 11.952 - Destination node 1
Access point - Received a message with 1 elements
Message received from node 11 with 2.004713 delay ::: 9.952254 11.956968
Node 06 - Temperature Data 26.760236 - Time 12.100789
Node 04 - Temperature Data 24.002444 - Time 12.166855
Node 07 - Temperature Data 25.217687 - Time 12.224170
Node 08 - Temperature Data 24.979799 - Time 12.688597
Node 03 - Temperature Data 25.039975 - Time 12.789961
Node 02 - Temperature Data 25.191494 - Time 12.793598
Node 10 - Temperature Data 25.661390 - Time 12.851992
Node 09 - Temperature Data 27.079604 - Time 12.932610
Node 05 - Temperature Data 25.034814 - Time 12.940801
Node 11 - Temperature Data 24.571324 - Time 12.952254
NS EXITING...
[root@localhost ~]#
```

Figura 5.1 Saída 1

```
[root@localhost ~]# ns mannasim-rede-plana.tcl
num_nodes is set 12
warning: Please use -channel as shown in tcl/ex/wireless-mitf.tcl
INITIALIZE THE LIST xListHead
Starting Simulation...
Node 10 - Temperature Data 24.961527 - Time 9.355998
Node 07 - Temperature Data 25.834802 - Time 9.364709
Node 04 - Temperature Data 24.251045 - Time 9.379081
Node 08 - Temperature Data 25.360328 - Time 9.557656
Node 03 - Temperature Data 24.054947 - Time 9.637068
Node 06 - Temperature Data 26.494616 - Time 9.727053
Node 02 - Temperature Data 25.493360 - Time 9.761024
Node 11 - Temperature Data 25.345072 - Time 9.769272
Node 05 - Temperature Data 23.704180 - Time 9.852109
Node 09 - Temperature Data 24.605972 - Time 9.992996
Common Node 10 - Disseminating data -  Time 11.356 - Destination node 1
channel.cc:sendUp - Calc highestAntennaZ_ and distCST_
highestAntennaZ_ = 1.5,  distCST_ = 129.1
SORTING LISTS ...DONE!
Access point - Received a message with 1 elements
Message received from node 10 with 2.004404 delay ::: 9.355998 11.360402
Common Node 7 - Disseminating data -  Time 11.365 - Destination node 1
Access point - Received a message with 1 elements
Message received from node 7 with 2.004274 delay ::: 9.364709 11.368982
Common Node 4 - Disseminating data -  Time 11.379 - Destination node 1
Access point - Received a message with 1 elements
Message received from node 4 with 2.004324 delay ::: 9.379081 11.383405
Common Node 8 - Disseminating data -  Time 11.558 - Destination node 1
Access point - Received a message with 1 elements
Message received from node 8 with 2.004313 delay ::: 9.557656 11.561969
Common Node 3 - Disseminating data -  Time 11.637 - Destination node 1
Access point - Received a message with 1 elements
Message received from node 3 with 2.004473 delay ::: 9.637068 11.641542
Common Node 6 - Disseminating data -  Time 11.727 - Destination node 1
Access point - Received a message with 1 elements
Message received from node 6 with 2.004424 delay ::: 9.727053 11.731477
Common Node 2 - Disseminating data -  Time 11.761 - Destination node 1
Access point - Received a message with 1 elements
Message received from node 2 with 2.004433 delay ::: 9.761024 11.765457
Common Node 11 - Disseminating data -  Time 11.769 - Destination node 1
Access point - Received a message with 1 elements
Message received from node 11 with 2.004473 delay ::: 9.769272 11.773745
Common Node 5 - Disseminating data -  Time 11.852 - Destination node 1
Access point - Received a message with 1 elements
Message received from node 5 with 2.004414 delay ::: 9.852109 11.856522
Common Node 9 - Disseminating data -  Time 11.993 - Destination node 1
Access point - Received a message with 1 elements
Message received from node 9 with 2.004223 delay ::: 9.992996 11.997220
Node 10 - Temperature Data 26.434379 - Time 12.355998
Node 07 - Temperature Data 24.042383 - Time 12.364709
Node 04 - Temperature Data 23.936117 - Time 12.379081
Node 08 - Temperature Data 28.459946 - Time 12.557656
Node 03 - Temperature Data 24.772517 - Time 12.637068
Node 06 - Temperature Data 24.650316 - Time 12.727053
Node 02 - Temperature Data 24.253512 - Time 12.761024
Node 11 - Temperature Data 25.417250 - Time 12.769272
Node 05 - Temperature Data 24.042607 - Time 12.852109
Node 09 - Temperature Data 25.672206 - Time 12.992996
NS EXITING...
```

Figure 5.2   Saída 2

```
[root@localhost ~]# ns mannasim-rede-plana.tcl
num_nodes is set 12
warning: Please use -channel as shown in tcl/ex/wireless-mitf.tcl
INITIALIZE THE LIST xListHead
Starting Simulation...
Node 06 - Temperature Data 25.550209 - Time 9.264029
Node 03 - Temperature Data 24.165256 - Time 9.283712
Node 10 - Temperature Data 25.723181 - Time 9.337596
Node 04 - Temperature Data 24.287860 - Time 9.375636
Node 11 - Temperature Data 26.261847 - Time 9.384981
Node 02 - Temperature Data 23.417438 - Time 9.488576
Node 09 - Temperature Data 24.370356 - Time 9.520438
Node 08 - Temperature Data 26.056351 - Time 9.554686
Node 05 - Temperature Data 25.264273 - Time 9.575460
Node 07 - Temperature Data 24.292149 - Time 9.606371
Common Node 6 - Disseminating data - Time 11.264 - Destination node 1
channel.cc:sendUp - Calc highestAntennaZ_ and distCST_
highestAntennaZ_ = 1.5, distCST_ = 129.1
SORTING LISTS ...DONE!
Access point - Received a message with 1 elements
Message received from node 6 with 2.004403 delay ::: 9.264029 11.268432
Common Node 3 - Disseminating data - Time 11.284 - Destination node 1
Access point - Received a message with 1 elements
Message received from node 3 with 2.004274 delay ::: 9.283712 11.287986
Common Node 10 - Disseminating data - Time 11.338 - Destination node 1
Access point - Received a message with 1 elements
Message received from node 10 with 2.004323 delay ::: 9.337596 11.341919
Common Node 4 - Disseminating data - Time 11.376 - Destination node 1
Access point - Received a message with 1 elements
Message received from node 4 with 2.004314 delay ::: 9.375636 11.379949
Common Node 11 - Disseminating data - Time 11.385 - Destination node 1
Access point - Received a message with 1 elements
Message received from node 11 with 2.004473 delay ::: 9.384981 11.389454
Common Node 2 - Disseminating data - Time 11.489 - Destination node 1
Access point - Received a message with 1 elements
Message received from node 2 with 2.004424 delay ::: 9.488576 11.493000
Common Node 9 - Disseminating data - Time 11.520 - Destination node 1
Access point - Received a message with 1 elements
Message received from node 9 with 2.004433 delay ::: 9.520438 11.524871
Common Node 8 - Disseminating data - Time 11.555 - Destination node 1
Access point - Received a message with 1 elements
Message received from node 8 with 2.004473 delay ::: 9.554686 11.559159
Common Node 5 - Disseminating data - Time 11.575 - Destination node 1
Access point - Received a message with 1 elements
Message received from node 5 with 2.004414 delay ::: 9.575460 11.579874
Common Node 7 - Disseminating data - Time 11.606 - Destination node 1
Access point - Received a message with 1 elements
Message received from node 7 with 2.004223 delay ::: 9.606371 11.610594
Node 06 - Temperature Data 24.462181 - Time 12.264029
Node 03 - Temperature Data 24.471210 - Time 12.283712
Node 10 - Temperature Data 25.585287 - Time 12.337596
Node 04 - Temperature Data 23.855833 - Time 12.375636
Node 11 - Temperature Data 24.796849 - Time 12.384981
Node 02 - Temperature Data 24.632952 - Time 12.488576
Node 09 - Temperature Data 26.313987 - Time 12.520438
Node 08 - Temperature Data 27.290566 - Time 12.554686
Node 05 - Temperature Data 25.201673 - Time 12.575460
Node 07 - Temperature Data 25.483930 - Time 12.606371
NS EXITING...
[root@localhost ~]#
```

Figure 5.3   Saída 3

5.3 Resumo

Neste capítulo, apresentamos o script TCL que está sendo usado para testar o framework de rede de sensores sem fio que foi implementado no NS-2. Além disso, neste capítulo, também apresentámos o resultado da simulação produzido pela estrutura implementada.

CAPÍTULO 6

CONCLUSÃO E TRABALHO FUTURO

Enquanto o capítulo cinco se dedica a apresentar os resultados que podem ser produzidos pela implementação da estrutura da rede de sensores sem fios, este capítulo fornece a conclusão do projeto como um todo. Este capítulo inclui também algumas sugestões para trabalhos futuros que possam ser efectuados na área em questão.

6.1 Conclusão

O Ns-2 oferece um grande potencial para a investigação de redes de sensores móveis ad hoc. (Sethi, Rout e Mishra, 2010) Os protocolos MAC, os protocolos de encaminhamento e as aplicações podem ser personalizados com tanto pormenor como os seus equivalentes no mundo real. A taxa de transferência, a latência e os níveis de energia podem ser obtidos a partir do ficheiro de rastreio da simulação para medir o desempenho da rede e a eficiência energética. Com esforço suficiente, todas as áreas podem ser cobertas e estudadas. Infelizmente, uma familiaridade fluente com o NS-2 pode ser um dos grandes desafios. A sua flexibilidade é coerente com uma arquitetura grande e complicada.

A extensão dessa arquitetura para criar novos protocolos ou aplicações pode ser bastante difícil e morosa. Aprender a usar as capacidades existentes é mais fácil, mas ainda assim difícil. Qualquer esforço para fornecer uma interface mais intuitiva do que o scripting baseado em TCL para as capacidades do NS-2 seria extremamente benéfico para os seus utilizadores. A principal contribuição desta investigação é uma capacidade alargada do NS-2 para invocar tráfego de rede consistente com os padrões esperados para redes de sensores. A coordenação destes padrões de tráfego únicos no NS-2 sem extensões semelhantes às implementadas neste projeto exigiria um esforço muito grande para redes de média a grande dimensão.

6.2 Sugestões para trabalhos futuros

Para trabalhos futuros, gostaríamos de sugerir a adição de uma avaliação do desempenho ou a comparação deste quadro com outros quadros disponíveis. Isto daria uma visão mais alargada sobre se esta implementação difere ou não na avaliação do desempenho. Para além disso, no futuro, pode também ser incluída uma extensão da rede de sensores sem fios na camada MAC. Isto é muito vantajoso, uma vez que o desempenho da rede de sensores varia em função das suas definições e capacidades da camada MAC. (Manjusha e Shekhar, 2011)

Além disso, o estudo do protocolo de encaminhamento relacionado também pode ser efectuado e adicionado à estrutura para alargar as suas capacidades de lidar com cenários realistas de redes de sensores sem fios. Outros estudos podem também incluir as soluções para implementar o quadro de rede de sensores sem fios na íntegra no seu próprio simulador.

Referências

Agre, j., Clare, l. e s, S. (1999) 'A Taxonomy for Distributed Real-time Control Systems', *Advances in Computers*, pp. 303-352.

Akshay, n., Kumar, p.m., Harish, b. e Dhanorkar, s. (2010) 'An efficient approach for sensor deployments in wireless sensor network', *documento apresentado na Emerging Trends in Robotics and Communication Technologies (INTERACT), Conferência Internacional*, dez, pp. 24-31.

Andonovic, i. (2009) "Evolution and Applications of Wireless Sensor Networks," Communications and Mobile Computing', *WRI International Conference*, vol. 1, jan, pp. 4-5.

Borgne, a.y., Moussaid, m. e Bontempi, g. (2006) 'Simulation architecture for data processing algorithms in wireless sensor networks', *documento apresentado na Conferência Internacional Advanced Information Networking and Applications*, abril, pp. 45-56.

Braga, t.r., Silva, f.a., Ramos, k.p. e Melo, j.c. (2003) 'Mannasim Framework'.

Chang, l. e Houdek, r. (2006) 'Teaching Computer Science Graduate', *Frontiers inEducation Conference, 36th Annual*, oct, pp. 14-19.

Cui, x., Hardin, t., Ragade, k.r. and Elmaghraby, s.a. (2004) 'A swarm-based fuzzy logic control mobile sensor network for hazardous contaminants localization',. *Documento apresentado na Mobile Ad-hoc and Sensor Systems, Conferência Internacional do IEEE*, outubro, pp. 25-27.

Eep, l. e Bajaj, b. (1999) 'Improving Simulation for Network Research: unknown'.

Feng, z. (2004) 'Wireless sensor networks: a new computing platform for tomorrow's Internet," Emerging Technologies: Frontiers of Mobile and Wireless Communication", *Actas do 6º Simpósio de Circuitos e Sistemas do IEEE*, vol. 1, pp. 1-27.

Garcia, m., Coll, h., Bri, d. e Lloret, j. (2008) 'Using MANET protocols in Wireless Sensor and Ator Networks', *The Second International Conference on Sensor Technologies and Applications*, ago, pp. 154-159.

Issariyakul, t. e Hossain, e. (2009) ' Introduction to Network Simulator NS2,'.

Jun, y. e Xianhong, z. (2010) 'Designing of a Sensor Network Monitoring Server', *Information Technology and Computer Science (ITCS), Second International Conference* , july, pp. 566-568.

Khan, m.z., Askwith, b., Bouhafs, f. e m, A. (2011) 'Limitations of Simulation Tools for Large-Scale Wireless Sensor Networks', *Advanced Information Networking and Applications (WAINA), 2011 IEEE Workshops of International Conference*, março, pp. 820-825.

Kihyun, k., Ick-Soo, l., Mahnsuk, y., Junhyung, k., Honggil, l. e Kijun, h. (2009) 'An Efficient Routing

Protocol Based on Position Information in Mobile Wireless Body Area Sensor Networks', *documento apresentado na Networks and Communications, NETCOM '09. First International Conference* , dec.

Krco, s., Tsiatsis, v., Matusikova, k., Johansson, m., Cubic, l. e Glitho, r. (2007) 'Mobile Network Supported Wireless Sensor Network Services', *documento apresentado na Mobile Adhoc and Sensor Systems, Conferência Internacional do IEEE*, outubro.

Manjusha, p. e Shekhar, v. (2011) "Mac Layer Performance: Study And Analysis For Different Mobility Conditions In WSN', *International Journal of Wireless & Mobile Networks*, dec.

Mauri, k., Marko, h., nnik, d., inen, h. e Timo, m. (2008) 'Rapid design and evaluation framework for wireless sensor networks', *Ad Hoc Netw*, Jun, pp. 909-935.

Minhas, a.a., Faheem, m.y. e Azeem, m.b. (2011) 'Ultra Low Power Small Size RF Transceiver Design for Wireless Sensor Networks', *Collaboration Technologies and Systems (CTS)*, maio, pp. 290-295.

Rajashree, v., Biradar, c.v., Patil, r.s., Sawant, r. e Mudholkar, r. (2009) "Classification and comparison of Routing Protocols in Wireless Sensor Networks" (Classificação e comparação de protocolos de encaminhamento em redes de sensores sem fios).

Reed, l.e. (1998) 'PERFORMING A LITERATURE REVIEW'.

Sadler, m.b. (2005) "Fundamentals of energy-constrained sensor network systems", ago, pp. 1735.

Sastry, s. (2004) "SmartSpace for Automation, Assembly Automation", pp. 201-209.

Sethi, s., Rout, a. and Mishra, d. (2010) 'An Effective and Scalable AODV for Wireless Ad hoc Sensor Networks', ', *International Journal of Computer Applications*, august.

Shahmansouri, v., Rezaie, m.g. e Pakravan, h.r. (2005) "Modified distributed mediation device for low power consumption in large scale sensor networks", *Intelligent Sensing and Information Processing, Proceedings of International Conference*, jan, pp. 7-12.

Shi, l., Miao, q. e Jinglin, d. (2008) 'Architecture of Wireless Sensor Networks for Environmental Monitoring',. *Trabalho apresentado no Workshop Internacional sobre Geociências e Deteção Remota e no Workshop Internacional sobre Educação, Tecnologia e Formação. ETT e GRS. Workshop Internacional*, dez.

Sung, p., Andreas, s. e Mani, s.b. (2000) 'a simulation framework for sensor networks', *documento apresentado nas Actas do 3º workshop internacional da ACM sobre Modelação, análise e simulação de sistemas sem fios e móveis*.

Yamasaki, k. e Ohtsuki, t. (2005) 'Design of energy-efficient wireless sensor networks with censoring, on-off, and censoring and on-off sensors based on mutual information', *documento apresentado na Vehicular Technology Conference, 2005. VTC 2005-primavera. 2005 IEEE 61st.*

Yong-Sik, c., Young-Jun, j. e Sang-Hyun, p. (2010) 'A study on sensor nodes attestation protocol in a Wireless Sensor Network',. *Trabalho apresentado na Conferência Internacional de Tecnologia de Comunicação Avançada (ICACT), 12.ª Conferência Internacional*, fev.

Printed by Books on Demand GmbH, Norderstedt / Germany